BEI GRIN MACHT SICH IHR WISSEN BEZAHLT

- Wir veröffentlichen Ihre Hausarbeit,
  Bachelor- und Masterarbeit

- Ihr eigenes eBook und Buch -
  weltweit in allen wichtigen Shops

- Verdienen Sie an jedem Verkauf

Jetzt bei www.GRIN.com hochladen
und kostenlos publizieren

NoSQL-Datenbanken im Vergleich mit relationalen Datenbanken. Unterschiede und Anwendungsfelder

Vincenz Schmidberger

Bibliografische Information der Deutschen Nationalbibliothek:

Die Deutsche Nationalbibliothek verzeichnet diese Publikation in der Deutschen Nationalbibliografie; detaillierte bibliografische Daten sind im Internet über http://dnb.d-nb.de abrufbar.

ISBN: 9783346275981
Dieses Buch ist auch als E-Book erhältlich.

© GRIN Publishing GmbH
Nymphenburger Straße 86
80636 München

Druck und Bindung: Books on Demand GmbH, Norderstedt Germany
Gedruckt auf säurefreiem Papier aus verantwortungsvollen Quellen

Das vorliegende Werk wurde sorgfältig erarbeitet. Dennoch übernehmen Autoren und Verlag für die Richtigkeit von Angaben, Hinweisen, Links und Ratschlägen sowie eventuelle Druckfehler keine Haftung.

Das Buch bei GRIN: https://www.grin.com/document/941980

Seminararbeit

Sommersemester 2020/2021

NoSQL - Datenbanken

Universität Regensburg

Lehrstuhl Wirtschaftsinformatik I - Informationssysteme

Abgabetermin 25.07.2020

Eingereicht von:

Vincenz Schmidberger

Inhaltsverzeichnis

Abbildungsverzeichnis 3

Tabellenverzeichnis 3

1.   Einleitung 4

2.   Relationale Datenbanken 5

3.   NoSQL – Datenbankkonzepte 6

   3.1 Basics – Brewer's Theorem, BASE Model 6

   3.2 Map/Reduce 8

   3.3 MVCC – Multiversion Concurrency Control 9

   3.4 Key – Value Store Databases ⁱ0

   3.5 Document Store Databases ⁱ1

   3.6 Column-Orientated Databases 11

   3.7 Graph Databases 12

   3.8 Object Orientated Databases 13

4.   Unterschiede 13

   4.1 Verlässlichkeit 13

   4.2 Skalierbarkeit 14

   4.3 Datenverarbeitungskonzepte 14

   4.4 Cloudanwendungen 14

   4.5 Data Warehousing 15

   4.6 Komplexität 15

   4.7 Sicherheit 16

5.   Anwendungsfelder 16

   5.1 Graph Database: Neo4j 17

   5.2 Key – Value Database: Redis 19

6.   Conclusio 20

Literaturverzeichnis 21

Abbildungsverzeichnis

Abbildung 1: Ablauf MapReduce-Verfahren

Abbildung 2: Graphenorientierte Datenbank Neo4j und Anwendungsbeispiel bei Verbrechensbekämpfung

Abbildung 3: Beispiel für eine Anfrage in Cypher

Tabellenverzeichnis

Tabelle 1: Beispiel für eine Lieferantenliste

Tabelle 2: Personenbeispiel Redis

Einleitung

Bereits im Jahr 1998 taucht der Begriff „NoSQL" („No structured query language") im Fachjargon der IT-Welt auf, als Carlo Strozzi seine Open-Source-Datenbank vorstellte, welche zwar auf die SQL-Sprache verzichtete, jedoch nicht auf die Prinzipien von relationalen Datenbanken. Die neuere Definition von „NoSQL" ist jedoch „Not only SQL", wobei hier auch auf das Modell der relationalen Datenbanken verzichtet wird.[1] Sicherlich war es kein Zufall, dass diese neue Art der Datenbanken kurz nach dem Durchbruch des World Wide Web auftauchten. Durch den großen Erfolg der Digitalisierung wuchsen die generierten Datenmengen in ungeahnte Höhen und somit stieg auch der Bedarf an komplexeren Datenbanken. Die Vielfalt an modernen Datenlieferanten ist frappierend: Sensoren, welche Umgebungsdaten messen, Soziale Netzwerke, Handelsplattformen, IoT etc. und „gleichzeitig generieren diese Anwendungen neue Daten und ermöglichen damit neue digitale Anwendungen – eine Art digitales Perpetuum mobile, das eine schier unfassbare Menge an Daten produziert [...]."[2] Die Analyse der International Data Corporation in Zusammenarbeit mit dem Unternehmen Seagate besagt, dass die globale Datenmenge von 33 Zettabytes im Jahr 2018 auf 175 Zettabytes im Jahr 2025 anwachsen wird. Im Jahr 2025 werden dann schätzungsweise 6 Milliarden Menschen alle 18 Sekunden mit Daten interagieren.[3] Nicht nur wachsen die Datenmengen, sondern auch die Vernetzung derselben und deren Abhängigkeiten untereinander. Diese Zusammenhänge müssen in Datenbanken gespeichert und abgebildet werden, als auch abrufbar und bearbeitbar sein. Klassische relationalen Datenbanken haben jedoch ein Problem bei der Skalierbarkeit bezüglich der Datenmengen als auch bei der Darstellung komplexer Datenstrukturen. Aus diesen Gründen werden NoSQL-Datenbanken immer attraktiver und verdrängen zunehmend die klassischen relationalen Datenbanken.

---

[1] http://www.strozzi.it/cgi-bin/CSA/tw7/I/en_US/nosql/Home%20Page, aufgerufen am 16.06.2020
[2] https://www.iwd.de/artikel/datenmenge-explodiert-431851/#:~:text=Kernaussagen%20in%20K%C3%BCrze%3A,Zettabyte%20sind%20eine%20Milliarde%20Terabyte., aufgerufen am 16.06.2020
[3] Vgl. Reinsel, Gantz, Rydning (2018)

1. Relationale Datenbanken

Relationale Datenbanken oder auch RDBMS (Relational Database Management System) gibt es etwa seit dem Jahr 1969 und wurden vom Entwickler Edgar Frank Codd in seinem Artikel „Derivability, Redundance and Consistency of Relations stored in large Data Banks"[4] erstmalig vorgestellt. Das Wort „relational" stammt in diesem Zusammenhang aus der relationalen Algebra, welche für die Mengen- und Rechenoperationen innerhalb einer solchen Datenbank verwendet wird.

Relationale Datenbanken sollen im Wesentlichen die Realität abbilden. Dazu muss zuerst die tatsächliche Realität, z.B. in einem Unternehmen, analysiert und durch Abstraktion ein konzeptuelles (systemunabhängiges) Datenmodell erstellt werden. Aus diesem Datenmodell wird durch einen logischen Entwurf mit Hilfe von Algorithmen, Transaktionen oder Operationen ein relationales Datenbankmodell gebildet, welches den Informationsverlust so gering wie möglich halten soll. Die User von relationalen Datenbanken bekommen die gespeicherten Datenbestände meist in tabellarischer Form (Relation) präsentiert. Wobei die Spalten dieser Tabelle auch Attribute genannt werden und die Zeilen (Tupel) der Relation einer Instanz des Objekttyps entsprechen. Strukturierte Daten sind das Hauptanwendungsgebiet dieser Datenbanksysteme.

Eine Besonderheit der relationalen Datenbanken ist, dass diese immer dem sogenannten **ACID** – Konsistenzmodell folgen und dessen Kriterien strikt erfüllen müssen:

1) Atomicity: Jeder Teil einer Transaktion muss vollständig ausgeführt werden, ansonsten wird die Transaktion überhaupt nicht ausgeführt. („Alles oder nichts")

2) Consistency: Die Datenbank muss sich vor und nach jeder Transaktion in einem konsistenten Zustand befinden.

3) Isolation: Werden multiple Anfragen zur selben Zeit an die Datenbank gestellt, so dürfen sich diese Transaktionen nicht gegenseitig behindern. Aus diesem Grund müssen die Transaktionen in eine Warteschlange und nacheinander abgearbeitet werden.

---

[4] Vgl. Codd (1969).

4) Durability: Dieses Kriterium sorgt dafür, dass eine vollständig ausgeführte Transaktion bestehen bleibt beziehungsweise abgespeichert wird, auch wenn das System abstürzt oder die Server neu starten.

2. NoSQL – Datenbankkonzepte

2.1 Basics – Brewer's Theorem, BASE Model

NoSQL-Datenbanken sind nicht zwingend Datenbanken mit einem tabellarischen Schema, wie relationale Datenbanken, und können Informationen in den verschiedensten Darstellungsformen abspeichern. Datenbanken vom Typ NoSQL werden zudem oftmals als verteilte Architekturen angedacht und implementiert. Hierbei ist das nach Eric Brewer benannte Theorem oder auch **CAP** Theorem von entscheidender Bedeutung. Im Jahr 2000 stellte der Informatiker auf der Konferenz „Principles of Distributed Computing" seine Theorie zu verteilten Datenbanksystemen zum ersten Mal vor. Solche Systeme besitzen drei Haupteigenschaften, nämlich Konsistenz (**C**onsisteny), Verfügbarkeit (**A**vailability) und die Ausfalltoleranz (**P**artition tolererance). Nach dem Theorem ist es einer verteilten Datenbank unmöglich alle drei Eigenschaften gleichzeitig zu gewährleisten, sondern maximal zwei. Diese Theorie wurde im Jahr 2002 durch die Autoren Seth Gilbert und Nancy Lynch bewiesen.[5]

1) Consistency

„Ein Service, welcher konsistent ist, funktioniert entweder komplett oder überhaupt nicht."[6] Schickt man also einen Befehl an eine konsistente Datenbank, so wird dieser entweder ganz oder eben überhaupt nicht ausgeführt. Zudem müssen nach einem Schreibzugriff alle gespiegelten Daten auf allen Servern der Datenbank gleich und somit konsistent sein. „Dies hat zur Folge, dass nach Schreibzugriffen alle Clusterknoten aktualisiert werden müssen, bevor weitere Zugriffe auf die geänderten Ressourcen möglich sind."[7]

---

[5] Vgl. Gilbert, Lynch (2002).
[6] http://www.julianbrowne.com/article/brewers-cap-theorem, aufgerufen am 16.06.2020.
[7] Hofstetter (2012), S.16

2) Availabililty

Die Verfügbarkeit eines Service bzw. einer Datenbank muss dauerhaft und ständig gewährleistet sein. Jede Anfrage, welche durch einen funktionierenden Node empfangen wird, muss eine Antwort des Systems hervorrufen. Zudem muss eine angemessene Reaktionszeit vorhanden sein, welche auf die jeweilige Anwendung oder die User zugeschnitten und akzeptiert ist.

3) Partition Tolerance

Die Ausfalltoleranz besagt, dass ein verteiltes System bzw. eine Datenbank auch dann noch voll funktionsfähig sein muss, wenn Teile des Systems (Server, Knoten etc.) ausfallen oder Teile der Verbindung gekappt wurden. Von Gilbert und Lynch wird zudem noch angemerkt: „No set of failures less than total network failure is allowed to cause the system to respond incorrectly."[8]

Aus Brewer's Theorem wird bereits ersichtlich, dass NoSQL Datenbanken keine ACID Eigenschaften, wie die relationalen Datenbanken aus vorherigem Kapitel, garantieren können.

Hierzu ein praktisches Beispiel: Die Anforderungen einer fiktiven Bank an eine NoSQL-Datenbank sind Konsistenz der Daten (keine verschiedenen Kontostände des gleichen Kontos auf verschiedenen Servern) und Ausfalltoleranz (Kontostände dürfen bei Teilausfall des Systems nicht verschwinden). Um Ausfalltoleranz zu gewährleisten, werden die Daten also auf verschiedenen Servern repliziert und gespeichert. Damit zusätzlich Konsistenz aller Daten erreicht wird, müssen beim Aktualisieren eines Datensatzes alle anderen duplizierten Datensätze auf den restlichen Servern gesperrt werden. Diese Sperrung von Datensätzen ist in solch dezentralen Systemen zwar möglich, aber sehr zeitaufwändig, sodass die Verfügbarkeit des Systems nicht mehr sichergestellt werden kann.

Als Reaktion auf das postulierte CAP-Theorem, wurde das BASE - Konsistenzmodell (Basically Available, Soft State, Eventual Consistency) entwickelt. Schon die Wortschöpfung BASE (engl. „Base") soll den Gegensatz zum ACID (engl. „Säure") – Konsistenzmodell klar hervorheben. In diesem Modell „wird Konsistenz [der Daten] als ein Übergangsprozess betrachtet. Das heißt, dass ein konsistenter Zustand nicht direkt nach Beendigung einer

---

[8] Gilbert, Lynch (2002), S.4

Transaktion vorhanden sein muss, sondern erst nach einer gewissen Zeit."[9] (Soft State) Im Umkehrschluss bedeutet dies aber, dass für einen gewissen Zeitraum nur mit „Eventual Consistency" zu rechnen ist, bis z.B. das Ergebnis auf alle Knoten oder Server dupliziert wurde.

2.2 Map/Reduce

Eine der wohl am häufigsten eingesetzten Technologien bei NoSQL- Datenbanken ist das sogenannte MapReduce-Verfahren. Da NoSQL-Datenbanken sehr häufig mit großen Datenmengen konfrontiert sind, entwickelten zwei Mitarbeiter der Alphabet Inc. ein Verfahren, um mit solch hohem Datenaufkommen umzugehen.[10]

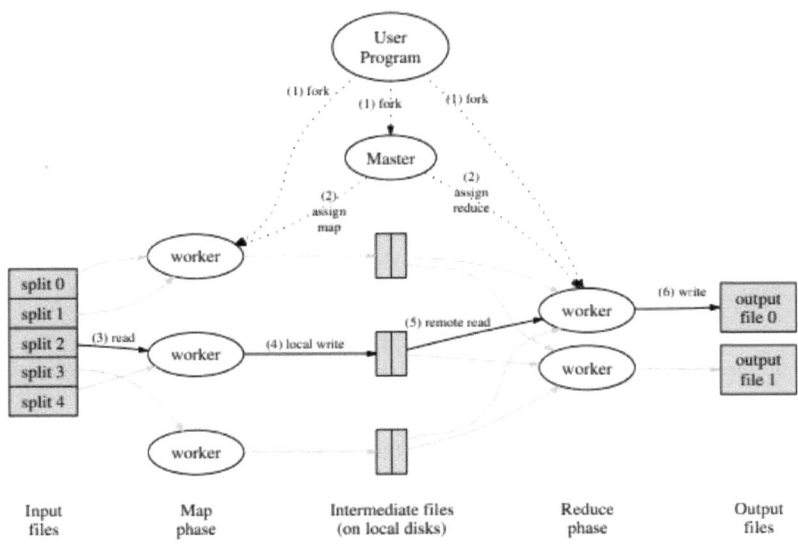

Abb. 1: Ablauf MapReduce-Verfahren[11]

---

[9] Hofstetter (2012), S.17
[10] Vgl. Dean, Ghemawat (2004)
[11] Dean, Ghemawat (2004), S.3

Im ersten Schritt wird die Map Funktion durchgeführt. Hier werden die zu verarbeitenden Daten in „splits" also Blöcke eingeteilt. Jedem Datenblock wird dann ein eindeutiger Schlüssel zugeordnet. So entstehen im Zwischenergebnis dann Key-Value-Paare. Im Anschluss daran erfolgt dann die Reduce Phase, bei der die zuvor generierten Key-Value-Paare weiterverarbeitet werden. Die Schlüssel und die zugehörigen Datensätze werden dann von der Reduce Funktion zu einer bestimmten Anzahl an Output Datensätzen zusammengefasst, sodass neue Key-Value-Paare entstehen und dann als Endergebnis an den User zurückgeliefert werden.

Der große Vorteil des MapReduce-Verfahrens ist, dass alle Prozesse, also sowohl der Map- als auch der Reduce-Prozess, parallel auf einem Computercluster ablaufen können. Das heißt, dass alle beteiligten Server beziehungsweise Rechner im System gleichzeitig die User-Anfragen abarbeiten, bis die korrekte Lösung gefunden wurde. Zudem sind die Arbeitspakete in der Map- als auch in der Reduce-Phase voneinander unabhängig und können somit ohne Überschneidungsproblematik einzeln auf unterschiedlichen Computern abgearbeitet werden. Diese Arbeitsweise schafft einen erheblichen Zugewinn an Performance.

2.3 MVCC – Multiversion Concurrency Control[12]

Eine weitere weit verbreitete Technologie bei NoSQL – Datenbanken ist das MVCC-Verfahren (Multiversion Concurrency Control), um multiple Anfragen an bestimmte Daten zu verwalten. Da NoSQL – Datenbanken eine hohe Verfügbarkeit gewährleisten sollen, stellt das MVCC – Verfahren sicher, dass konkurrierende Zugriffe auf Daten nahtlos und effizient ausgeführt werden können, ohne dass es zu Sperrungen des Datensatzes oder zu Konsistenzproblemen führt.

Hierbei wird nach jeder ausgeführten Anfrage an die Datenbank eine neue Version des veränderten Datensatzes erstellt und zum Beispiel mit einem Zeitstempel versehen, um Traceability möglich zu machen. Durch diese Versionierung ist es immer möglich, dass jeder User Zugriff auf einen Datensatz hat, um Änderungen vorzunehmen.

Erfolgt ein simultaner Zugriff und gleichzeitige Änderungen an der gleichen Version eines Datensatzes, so vergleich das Datenbank Management System die vorgenommenen Änderungen und gleicht diese ab. Wurden verschiedene Attribute innerhalb des gleichen

---

[12] Vgl. Sibirtsev (2012), S.28-29

Datensatzes geändert, so können alle Änderungen problemlos in einer neuen Version abgespeichert werden, ansonsten wird eine Fehlermeldung ausgegeben und die Transaktion wird abgebrochen.

Damit der Speicher nicht durch unnötig viele Versionen desselben Datensatzes belegt wird, werden die alten Versionen in regelmäßigen Zeitabständen gelöscht.

2.4 Key – Value Store Databases

Key-Value Store Datenbanken gehören zu den ältesten Vertretern der NoSQL-Datenbanken und ist schon seit den 1970er Jahren im Einsatz, also deutlich vor der Wortschöpfung NoSQL-Datenbanken.[13]

Diese Art von Datenbanken weisen ein sehr simples Schema auf, sind aber trotzdem effizient und besitzen ein einfaches API[14]. Die Inhalte dieser Datenbanken werden als Key-Value-Paare gespeichert. „Die einzelnen Werte sind spezifischen Schlüsseln zugeordnet, wobei der Datensatz selbst als Schlüssel (Key) fungiert und einen Wert (Value) darstellt. Der Key bildet zugleich einen Index, mit dem sich die Datenbank durchsuchen lässt. Die Keys der NoSQL-Key-Value-Datenbanken sind immer eindeutig und lassen sich mit den Primary Keys von relationalen Datenbanken vergleichen."[15] Der Value oder Wert kann hierbei eine beliebige Art von Information sein: Zahlen, Buchstabenfolgen oder komplexere Objekte. Zudem sind die einzelnen Datensätze in solchen Key-Value Datenbanken voneinander unabhängig und interagieren deshalb nicht miteinander. Dieser einfache Aufbau ermöglicht es die Datenbank schnell zu skalieren und viele Abfragen schnell und parallel laufen zu lassen.[16] Ein weiteres Merkmal dieser Datenbanken ist, dass sie sowohl On-Disk als auch In-Memory Lauffähigkeit unterstützen. Bei der In-Memory Verfügbarkeit ist hier vor allem der Cache-Prozess, also ein temporäres Zwischenspeichern im Arbeitsspeicher, zu nennen. Dies ermöglicht bei erhöhtem Zugriff auf eine Datenbank, dass der Arbeitsspeicher eines PCs schnell ausgelesen und die benötigten Informationen dem User zur Verfügung gestellt werden.

---

[13] Vgl. Hofstetter (2012), S.25
[14] Application Programming Interface
[15] https://www.ionos.de/digitalguide/hosting/hosting-technik/nosql/, aufgerufen am 02.07.2020
[16] Vgl. Nayak et al. (2013), S.16

2.5 Document Store Databases

Dokumentorientierte NoSQL Datenbanken speichern die Daten in einer Art „Dokumentcontainer". Diese Dokumente innerhalb der Datenbank sind „somewhat similar to records in relational databases, but they are much more flexible since they are schema less."[17] Innerhalb den Dokumenten werden die Daten dann als Key-Value Paare abgelegt, bei denen „jeder Wert [...] einen nicht atomaren Inhalt, wie z.B. ein Feld oder eine Datei, beinhalten [darf]."[18] Die Dokumente in dieser Datenbank werden anhand eines einzigartigen Schlüssels gefunden. Auch innerhalb eines Dokumentes müssen die Schlüssel eindeutig sein, jedoch können gleiche Schlüssel in anderen Dokumenten auftauchen.

2.6 Column-Orientated Databases

Spaltenorientierte Datenbanken, auch Wide Column Stores, speichern die Daten, wie der Name bereits vermuten lässt, in Spalten. Relationale Datenbanken hingegen legen die vorhandenen Daten zeilenweise im Speicher ab. Einer der Vorreiter dieser Art von Datenbank war Google's Big Table, welche heute als Grundlage für Dienste wie Google Search, Google Earth, YouTube, Gmail oder Google Analytics fungiert.[19] Diese Art von Datenbanken wird häufig für Data Mining oder Analyseanwendungen benutzt, da sie sehr performant bei solchen Rechenoperationen (Min-/Max-Berechnung etc.) sind. Google selbst beschreibt seine DBaaS (Database as a Service) als „vollständig verwalteter, skalierbarer NoSQL-Datenbankdienst für große analytische und operative Arbeitslasten."[20]

Im Nachfolgenden ein Beispiel, um das Prinzip hinter Column-Orientated databases besser zu verstehen:

---

[17] Nayak et al. (2013), S.17
[18] Sibirtsev (2012), S.17
[19] https://www.computerweekly.com/de/definition/Google-BigTable, aufgerufen am 11.07.2020
[20] https://cloud.google.com/bigtable?hl=de, aufgerufen am 11.07.2020

Tab 1.: Beispiel für eine Lieferantenliste, eigene Abbildung

Lieferant	Land	Produkt	Preis
1 AG	USA	X	1
2 GmbH	Deutschland	Y	2
3 GmbH	Frankreich	Z	3

Das Speicherkonzept einer spaltenorientierten Datenbank würde wie folgt aussehen:

$1\ AG, 2\ GmbH, 3\ GmbH$; $USA, Deutschland, Frankreich$; X, Y, Z; $1, 2, 3$;

Im Vergleich dazu das Speicherkonzept einer relationalen Datenbank:

$1\ AG, USA, X, 1$; $2\ GmbH, Deutschland, Y, 2$; $3\ GmbH, Frankreich, Z, 3$;

Möchte man bei einer relationalen Datenbank den Minimalpreis ermitteln, müsste man also erst durch verschiedenste Operationen alle Daten der Spalte „Preis" zusammenfügen und dann die Rechenoperation durchführen. Bei einer spaltenorientierten Datenbank hingegen lässt sich die Berechnung direkt ausführen.

2.7 Graph Databases

Graphische Datenbanksysteme speichern Daten in Form von Graphen. Diese Graphen bestehen aus sogenannten Knoten, dargestellt als Punkte, und Kanten, dargestellt als Linien. Die Knoten repräsentieren ein Objekt beziehungsweise eine Entität und die Kanten beschreiben die Verbindungen zwischen den Entitäten genauer. Zudem ist es möglich innerhalb von Knoten oder Kanten auch Attribute zu speichern, welche die Eigenschaften detaillierter beschreiben können. Graphenorientierte Datenbanken benutzen eine Technik namens „Index Free Adjacency"[21], welche es erlaubt von jedem Knoten aus direkt auf einen anderen beliebigen Knoten zu verweisen. So kann auf die Beziehungen zwischen einzelnen Objekten sehr schnell zugegriffen werden. Dies ist bei relationalen Datenbanken auf Grund ihrer Beschaffenheit nicht möglich und immer mit einem hohen Aufwand verbunden. Mit graphischen Datenbanken lassen sich Netzwerkstrukturen, welche immer häufiger in modernen Anwendungen zu finden sind (z.B.: Facebook, Twitter, etc.), sehr genau und ohne Informationsverlust abbilden. Auch erleichtern sie ihrem Betrachter durch ihre simple Darstellungsweise das Verständnis solcher Netzwerkbeziehungen. Bei Anfragen an graphenorientierte Datenbanken bedient man sich der

---

[21] Vgl. Nayak et al. (2013), S.18

Traversierung. Hierbei durchschreitet man jeden Knoten und jede Kante genau einmal, um zum gewünschten Ergebnis zu gelangen. Dies macht solche Datenbanken auch um einiges schneller als relationale Datenbanken, da diese zur Abfrage von solch tiefgreifenden Beziehungen sehr viele JOIN-Operationen kombinieren müssten, was sich negativ auf deren Geschwindigkeit auswirkt.

2.8 Object Orientated Databases

Objektdatenbanken auch OODB sind die wohl an der wenigsten verbreitete Art von NoSQL-Datenbanken. Sie sollen eine direkte Speicherung von Objekten innerhalb einer Datenbank möglich machen. „Die Datenbank [kümmert sich] selbst um die Zuweisung von eindeutigen IDs an die gespeicherten Objekte und die Zuordnung von Objekten untereinander."[22] Im Grunde sind objektorientierte Datenbanken eine Kombination von objektorientierter Programmierung (OOP) und relationalen Datenbankprinzipien, da sie Features von OOP unterstützen (Datenkapselung, Polymorphie, etc.) und die Objekte, Klassen und Attribute in OODBS den Tupeln, Tabellen und Spalten einer herkömmlichen RDBMS entsprechen.[23]

3. Unterschiede

3.1 Verlässlichkeit

Wie in den Kapitel 2 bereits beschrieben, unterstützen relationale Datenbanken vollumfänglich das ACID-Konsistenzmodell. Das heißt, dass die Verlässlichkeit bei der Ausführung von Transaktionen innerhalb der relationalen Datenbanken sehr hoch ist. Da NoSQL-Datenbanken im Spektrum zwischen ACID und BASE-Konsistenzmodellen angesiedelt sind, können diese folglich keine so hohe Verlässlichkeit bieten.

---

[22] https://eliteinformatiker.de/2011/06/15/nosql-objektorientierte-datenbanken-db4o-objectdb, aufgerufen am 11.07.2020
[23] Vgl. Nayak et al. (2013), S.18

3.2 Skalierbarkeit[24]

Als Skalierbarkeit wird die Fähigkeit einer Datenbank zum Wachstum bzw. zur Erweiterung der Kapazität bezeichnet. Bei relationalen Datenbanken hängt diese Fähigkeit von der sogenannten vertikalen Skalierbarkeit ab, also dem Hinzufügen von Hardware wie zum Beispiel mehr Arbeitsspeicher, eine neuere CPU oder eine größere Speicherkapazität. Dieser Prozess ist kostspielig, wird durch Limitierungen der Hardware begrenzt und führt „ab einem bestimmten Punkt dazu, dass [..] die Performance deutlich sinkt."[25] NoSQL-Datenbanken hingegen hängen von der horizontalen Skalierbarkeit ab. Hier werden der Datenbank zum Beispiel neue Knotenpunkte hinzugefügt oder laufen verteilt auf mehreren neuen Cloud-Servern. Trotz hohen Datenaufkommens bleibt so bei NoSQL die Performanz nicht auf der Strecke.

3.3 Datenverarbeitungskonzepte

Relationale Datenbanken basieren, wie in Kapitel 2 bereits beschrieben, auf den Konzepten der relationalen Algebra aus dem Fachgebiet der Mathematik. Daten werden hier in Tabellen (Relationen) gespeichert mit Tupel als Zeilen. Dieses fixe Schema ist der Kern von relationalen Datenbanken. NoSQL – Datenbanken besitzen hingegen kein solch fixes Schema wie relationale Datenbanken. Wie im vorherigen Kapitel beschrieben, gibt es verschiedene Konzepte zur Strukturierung der Daten von NoSQL-Datenbanken, z.B.: Key-Value Store, Dokumentorientierte oder Graphen-basierte Datenbanken. Sie benutzen also kein tabellarisches Schema und ihre Konzepte differieren von Anwendungsfall zu Anwendungsfall.

3.4 Cloudanwendungen

NoSQL – Datenbanken sind ideal geeignet, um verteilte Cloudanwendungen zu unterstützen. Das BASE – Konsistenzmodell eignet sich hervorragend, um alle Eigenschaften der Cloud mit einer NoSQL – Datenbank zu verbinden. Hohe Skalierbarkeit, Verfügbarkeit und Flexibilität

---

[24] Vgl.Mohamed, Altrafi, Ismail (2014), S.599f
[25] Ha (2011), S.14

14

sind hier einige Stichworte, welche eine Überschneidungsmenge zwischen NoSQL-Datenbanken und Cloudanwendungen darstellen. Relationale Datenbanken hingegen eignen sich nur bedingt, um Cloudanwendungen, wie zum Beispiel die Amazon Website und den zugrundeliegenden Bestellprozess, zu managen. Die ACID – Kriterien dieser Datenbanken passen nämlich oftmals nur eingeschränkt zu diesen Anwendungen und deren gewünschten Verhalten.

3.5 Data Warehousing[26]

Relationale Datenbanksysteme werden gemeinhin für Data Warehousing benutzt. Das SAP ERP System sei hierbei als Beispiel genannt. Diese Systeme funktionieren bekannterweise sehr zuverlässig, haben aber das Problem, dass sie bei zunehmenden Datenmengen an Performanz verlieren und OLAP – Analysen oder Statistische Abfragen langsamer werden. NoSQL – Datenbanken wurden dem hingegen nicht als Data Warehousing Systeme designt und können durch fehlende ACID – Konformität auch nicht die Präzision einer relationalen Datenbank liefern. Jedoch wären NoSQL – Datenbanken gut geeignet, um mit den großen Datenmengen in modernen Data Warehousing Systemen umzugehen.

3.6 Komplexität

Benutzt man relationale Datenbanken müssen alle Daten in eine tabellarische Form konvertiert werden.[27] Dies kann vor allem dann zu einer erhöhten Komplexität führen, wenn sich die vorliegenden Daten nur schlecht in eine Tabelle integrieren lassen. Dadurch wird die Tabellenstruktur unnötig komplex, schwierig zu verstehen und langsamer bei Abfragen. NoSQL – Datenbanken hingegen wurden speziell designt, um auch unstrukturierte Datensätze problemlos zu speichern.

---

[26] Vgl. Mohamed et al. (2014); S.600
[27] Vgl. Leavitt (2010), S.13

3.7 Sicherheit[28]

Heutzutage ist es von höchster Wichtigkeit, dass Daten, vor allem sensible Persönlichkeitsdaten, vor dem Zugriff von unautorisierten Personen geschützt sind. Die meisten NoSQL – Datenbanken haben jedoch keine integrierten Sicherheitsfeatures und müssen deshalb zusätzlich gesichert werden. Durch die oftmals dezentrale, verteilte Architektur und die multiplen Zugriffspunkte dieser Datenbanken, erhöht sich deren mögliche Angriffsfläche und erschwert den Schutz.

Die Authentifizierung ist ein zusätzlicher Schwachpunkt von NoSQL – Datenbanken und machen sie anfällig für „brute force attacks, injectin attacks, and relay attacks"[29]. Durch das Fehlen eines zentralen Sicherheitssystems bei verteilten Datenbanken ist das ganze System in Gefahr, falls auch nur ein einziger Zugriffspunkt kompromittiert wird.

Da NoSQL – Datenbanken sehr heterogen sind, ist es auch schwierig einen gemeinsamen Nenner zu finden, um die Integrität der Daten (Sicherheit vor unbefugten Schreibzugriffen) sicherzustellen. Da NoSQL – Datenbanken kein festes tabellarisches Schema aufweisen, können Freigaben von Zeilen, Spalten oder ganzen Tabellen nicht richtig verwaltet werden und Änderungen, welche über multiple Clients ausgeführt werden, können dementsprechend schlecht überwacht werden, um alle Daten im verteilten System konsistent zu halten.

4. Anwendungsfelder

Die Anwendungsfelder von NoSQL-Datenbanken sind vielfältig, wenngleich auch des Öfteren sehr spezifisch. Die verschiedenen Stärken dieser neuen Art von Datenbanken sind meistens in spezifischen Einsatzgebieten beheimatet und sollten immer aus dem Blickwickel der zukünftig angedachten Nutzungsform betrachtet werden.

Möglichweise eignet sich also eine Key-Value Store Datenbank am besten für das gewünschte Einsatzgebiet, falls man einen URL-Kürzungsdienst (z.B. bit.ly) umsetzen will. Für

---

[28] Vgl. Gupta, Agrawal (2018)
[29] Gupta/Agrawal (2018), S.105-106

Problemstellungen wie die des Handlungsreisenden jedoch, bei „denen das Traversieren über netzwerkartige Beziehungen erforderlich ist, sind Graphen-Datenbanken die beste Wahl."[30]

Im nachfolgenden werden die zwei Datenbanken Neo4J und Redis genauer betrachtet und auf deren Anwendungsgebiet eingegangen.

4.1 Graph Database: Neo4j

Eine der prominentesten graphenorientierten Datenbanken ist die Neo4j Datenbank. Die Entwicklung dieser Datenbank begann im Jahr 2000 und bereits 2002 erschien die erste Version von Neo4j für den breiten Markt. Die Firma hinter Neo4j hat ihren Sitz im Silicon Valley und betreut mit Cisco, HP, Airbus, Microsoft, Novartis oder der Deutschen Bahn ein sehr breites Portfolio an Kunden mit diversen Anwendungsgebieten. Neo4j ist eine „highly scalable native graph database, purpose-built to leverage not only data but also data relationships"[31], mit Hilfe derer Entwickler "intelligent applications that traverse today's large, interconnected datasets in real time"[32] entwerfen können. Auch bei hoher Netzwerktiefe, wie zum Beispiel in sozialen Netzwerken, ist Neo4j sehr performant und lässt bis zu 2 Millionen Kantenschritte pro Sekunde zu. Damit erreicht Neo4j eine etwa x1000 höhere Lesegeschwindigkeit als eine relationale Datenbank.[33] Die Datenbank läuft sowohl in verteilten Systemen als auch auf einem einzelnen Server. Anwendungsgebiete für Neo4j sind unter anderem die Betrugserkennung bei Banken, Geldwäsche, Knowledge Graphen, Social Media Network Graphen, Identity & Access Management, Telekommunikation, Regierungsanwendungen für mehr Transparenz, Biowissenschaften oder Supply Chain Management. Neo4j wurde auch vom International Consortium of Investigative Journalists (ICIJ) benutzt, um die Datenmengen der Panama Papers zu analysieren und alle Verbindungen zwischen Privatpersonen, Briefkastenfirmen und der Kanzlei Mossack Fonseca aufzudecken.[34]

---

[30] https://www.innoq.com/de/articles/2011/01/nosql-einsatzgebiete/, aufgerufen am 26.06.2020
[31] https://neo4j.com/neo4j-graph-database/, aufgerufen am 14.07.2020
[32] https://neo4j.com/neo4j-graph-database/, aufgerufen am 14.07.2020
[33] Vgl. Sibirtsev (2012), S.15-16
[34] https://neo4j.com/blog/analyzing-panama-papers-neo4j/, aufgerufen am 14.07.2020

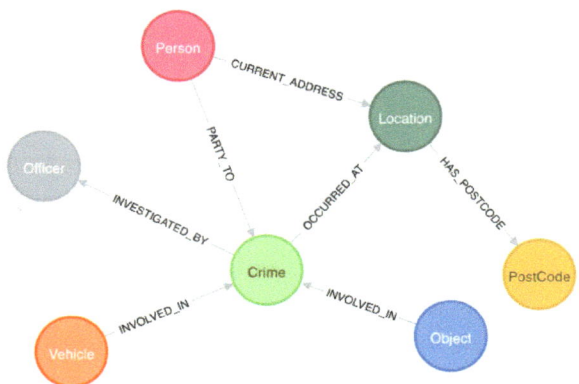

Abb. 2: Graphenorientierte Datenbank Neo4j und Anwendungsbeispiel bei Verbrechensbekämpfung

Um Abfragen in Neo4j zu erleichtern, wurde eine eigene Datenbanksprache namens „Cypher"
entwickelt. Würde man SQL als Standardabfragesprache für graphenorientierte Datenbanken
benutzen, so wäre man mit einer Vielzahl an JOIN-Operationen konfrontiert, welche bei einer
großen Netzwerktiefe schnell unübersichtlich werden könnten. Cypher besitzt eine ASCII-
artige Syntax und ist so einfach zu verstehen. „Like SQL, Cypher is a declarative query
language that allows users to state what actions they want performed (such as match, insert,
update or delete) upon their graph data without requiring them to describe (or program) exactly
how to do it."[35]

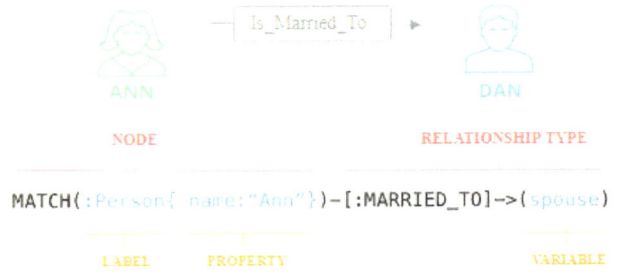

Abb. 3: Beispiel für eine Anfrage in Cypher[36]

---

[35] https://neo4j.com/cypher-graph-query-language/, aufgerufen am 14.07.2020
[36] https://neo4j.com/cypher-graph-query-language/, aufgerufen am 14.07.2020

Die Schlüssel – Wert Datenbank Redis (Remote Dictionary Server[37]) ist die aktuell am meisten benutzte NoSQL – Datenbank.[38] Die Datenbank wurde ursprünglich in ANSI C geschrieben und 2010 von der Firma VMWare weiterentwickelt. Aktuell ist die Datenbank als Open Source verfügbar und funktioniert auf den meisten POSIX basierenden Systemen.[39] Ein großer Vorteil von Redis ist die Kombination von In-Memory als auch On-Disk Verfügbarkeit. Da sich im standardmäßigen Snapshotting Mode alle Daten im RAM befinden und in regelmäßigen Abschnitten auf die Festplatte gesichert werden, erreicht diese Datenbank hohe Lese- und Schreibgeschwindigkeiten und gleichzeitig schützt die Speicherung der Daten auf der Festplatte vor Datenverlust im Falle eines Systemabsturzes. „Da kein Festplattenzugriff mehr erforderlich ist, vermeiden In-Memory-Datenbanken wie Redis Suchzeitverzögerungen und können auf Daten mit einfacheren Algorithmen zugreifen, die weniger CPU-Anweisungen verwenden. Die Ausführung typischer Vorgänge dauert weniger als eine Millisekunde."[40]

Die Schlüssel welche in Redis benutzt werden, um auf bestimmte Values zu verweisen folgen einem einheitlichen Konzept, welches im Nachfolgenden veranschaulicht wird:

Tab. 2: Personenbeispiel Redis, eigene Abbildung

Key	Value
mitarbeiter:1:name	Max Mustermann
mitarbeiter:1:adresse	Musterstraße 1
mitarbeiter:1:geburtstag	01.01.1960
mitarbeiter:1:geburtsort	Musterstadt

Wie man in der obigen Tabelle erkennen kann, besteht der Schlüssel aus drei separaten Bestandteilen, welche durch einen Doppelpunkt voneinander getrennt sind. Der erste Bestandteil dieses Schlüssels ist das Präfix *mitarbeiter*, welches angibt, dass es sich bei dem vorliegenden Daten um den Wert für einen Mitarbeiter der Firma handelt. Der mittlere Teil, also die *1*, ist vergleichbar mit einem Primärschlüssel einer RDBMS und unterscheidet im

---

[37] https://aws.amazon.com/de/elasticache/what-is-redis/, aufgerufen am 14.07.2020
[38] https://db-engines.com/de/ranking/key-value+store, aufgerufen am 14.07.2020
[39] Vgl. Hofstetter (2012), S.26
[40] https://aws.amazon.com/de/elasticache/what-is-redis/, aufgerufen am 15.07.2020

vorliegenden Fall verschiedene Mitarbeiter voneinander. Zum Schluss bestimmt der Parameter *name* noch das Inhalt des angesprochenen Datensatzes, in diesem Fall den vollständigen Namen des Mitarbeiters.

Die oben angesprochenen Merkmale von Redis ermöglichen eine Vielzahl von Anwendungsgebieten, darunter vor allem das sogenannte Caching über In-Memory, um Zugriffslatenzen auf die On-Disk Daten zu minimieren.

Echtzeit – Bestenlisten oder Echtzeit-Kommentar-Streams bei Online Spielen können mit Hilfe von Redis ebenfalls sehr einfach implementiert werden. Auch eignet sich Redis sehr gut für die Sitzungsverwaltung, welche bei Sozialen Netzwerken oder E-Commerce-Websites zur Anwendung kommt.

5. Conclusio

Die Arbeit hat gezeigt, dass sich NoSQL-Datenbanken zum Teil stark von dem Schema der „normalen" relationalen Datenbanken unterscheiden. Auch sind NoSQL-Datenbanken auf sehr spezielle Anwendungsbereiche zugeschnitten und eigenen sich nur für bestimmte Aufgaben und Einsatzgebiete. In diesen Bereichen und Nischenanwendungen sind sie relationalen Datenbanken jedoch meist überlegen.

Viele Unternehmen schrecken immer noch vor der Verwendung dieser neuen Datenbanken zurück. Keine Standardisierung, diverse Datenbanksprachen etc. sind allesamt Argumente gegen die Einführung solcher Systeme. Doch zunehmend gibt es auch Serviceprovider (s. Neo4J Datenbank oder Amazon DynamoDB), welche NoSQL-Datenbanken als „Database as a Service" (DBaaS) anbieten und Kunden helfen sich in der neuen Datenbankumgebung zurecht zu finden.

Aufgrund der sich weiter beschleunigenden Digitalisierung und der zunehmenden Vernetzung der Daten, vor allem auch im aktuellen Boom-Bereich der sogenannten Wearables oder bei IoT, wird es immer wichtiger Daten in anderen Formen als in Tabellen zu speichern.

In weiten Bereichen sind die relationalen Datenbanken immer noch die unangefochtenen Platzhirsche und können auch dank der ACID-Konformität weiterhin punkten, jedoch würde ich für die Zukunft erwarten, dass NoSQL-Datenbanken in immer mehr Gebieten und Unternehmen zur Anwendung kommen.

Literaturverzeichnis

Codd, E. F. (1969): Derivability, Redundancy and Consistency of relations stored in   large data banks

Dean, Jeffrey / Ghemawat, Sanjay (2004): MapReduce: Simplified Data Processing on Large Clusters

Edlich, Stefan / Friedland, Achim / Hampe, Jens / Brauer, Benjamin / Brückner, Markus: NoSQL – Einstieg in die Welt nichtrelationaler Web 2.0 Datenbanken, *2. Auflage, Hanser Verlag*

Gilbert, Seth / Lynch, Nancy (2002): Brewer's Conjecture and the Feasibility of Consistent, Available, Partition-Tolerant Web Services

Gupta, Neha / Agrawal, Rashmi (2018): NoSQL Security, *Advances in Computers, Vol. 109*, S. 101 - 132

Ha, Tran Ngoc (2011): Charakteristika und Vergleich von SQL- und NoSQL Datenbanken, Universität Leipzig

Hofstetter, Andreas (2012): Einsatz von NoSQL-Datenbanken in modernen Webapplikationen, Hochschule Offenburg

Leavitt, Neal (2010): Will NoSQL Databases live up to their promise?, *Computer Vol. 43, Issue 2*, S.12-14

Mohamed, Mohamed A. / Altrafi, Obay / Ismail, Mohammed (2014): Relational vs. NoSQL Databases: A Survey, *International Journal of Computer and Information Technology Vol. 3, Issue 03*, S.598 – 601

Nayak, Ameya / Poriya, Anil / Poojary, Dikshay (2013): Type of NOSQL Databases and its Comparison with Relational Databases, *International Journal of Applied Information Systems, Vol. 5, No. 4*, S.16 - 19

Padhy, Rabi Prasad / Patra, Manas Ranjan / Satapathy, Suresh Chandra (2011): RDBMS to NoSQL: Reviewing Some Next-Generation Non-Relational Databases, *International Journal of Advanced Engineering Sciences and Technologies, Vol. 11, Issue No. 1*, S.15 -30

Reinsel, David / Gantz, John / Rydning, John (2018): The Digitization of the World From Edge to Core, *White Paper, IDC*

Sharma, Vatika / Dave, Meenu (2012): SQL and NoSQL Databases, *International Journal of Advanced Research in Computer Science and Software Engineering, Vol. 2, Issue 8,* S.20 - 27

Sibirtsev, Alexey (2012): Einführung in NoSQL-Datenbanken und der Vergleich zu relationalen Datenbanken, *Seminararbeit, Fachhochschule Aachen*

Strauch, Christof (n.a.): NoSQL Databases, *Stuttgart Media University*

BEI GRIN MACHT SICH IHR WISSEN BEZAHLT

- Wir veröffentlichen Ihre Hausarbeit,
  Bachelor- und Masterarbeit

- Ihr eigenes eBook und Buch -
  weltweit in allen wichtigen Shops

- Verdienen Sie an jedem Verkauf

Jetzt bei www.GRIN.com hochladen und kostenlos publizieren